Vingt-cii   N° 9   Septembre 1915

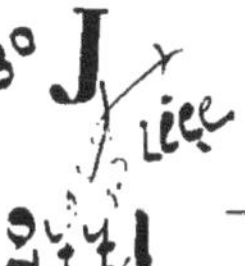

Revue anthropologique

FONDÉE PAR ABEL HOVELACQUE
PUBLIÉE PAR LES PROFESSEURS DE L'ÉCOLE D'ANTHROPOLOGIE
DE PARIS

EXTRAIT

UN ANTHROPOLOGISTE FRANÇAIS

CHEZ LES SERBO-CROATES AU LENDEMAIN DE 1870

Par Georges HERVÉ

LIBRAIRIE FÉLIX ALCAN
108, BOULEVARD SAINT-GERMAIN, PARIS

La **Revue anthropologique**, organe de l'École d'Anthropologie de Paris, paraît une fois par mois. Chaque livraison contient :

1° Une *leçon* d'un des professeurs de l'École, ou un article original ;

2° Des *analyses* et *comptes rendus* d'ouvrages et de revues concernant l'anthropologie ;

3° Sous le titre *Notes et Matériaux* sont publiés des documents, tant anciens qu'actuels, intéressant les sciences anthropologiques.

N. B. — *Tout ouvrage anthropologique ou traitant de questions connexes, envoyé en double exemplaire, sera annoncé ; il en sera rendu compte s'il y a lieu.*

S'ADRESSER POUR LA RÉDACTION :

A M. **Georges Hervé**, directeur de la *Revue*, rue de l'École-de-Médecine, 15, Paris, 6ᵉ.

POUR L'ADMINISTRATION :

A la **Librairie Félix Alcan**, 108, boulevard Saint-Germain, Paris, 6ᵉ.

PRIX D'ABONNEMENT :

Un an (à partir du 1ᵉʳ janvier) pour tous pays. . . . . 10 fr.

La livraison : 1 fr.

Table décennale, **1891-1900**, 1 vol. in-8. . . . . **2 fr.**

    —   —   **1901-1910**,   —   — . . . . **2 fr.**

On s'abonne à la LIBRAIRIE FÉLIX ALCAN, *chez tous les libraires et dans tous les bureaux de poste.*

Les années écoulées se vendent séparément. . . . . 10 fr.

ÉCOLE D'ANTHROPOLOGIE

15, RUE DE L'ÉCOLE-DE-MÉDECINE

Directeur : M. **Yves Guyot**. — Sous-directeur : Dʳ **H. Weisgerber**.

Chaires et Professeurs :

MM.	
Anthony.	Anthropologie anatomique.
Capitan.	Anthropologie préhistorique.
Hervé	Ethnologie.
Mahoudeau. .	Anthropologie zoologique.
Manouvrier. .	Anthropologie physiologique.
De Mortillet.	Ethnographie comparée.
Papillault. . .	Sociologie.
Schrader. . . .	Géographie anthropologique.
Zaborowski. .	Ethnographie.
Vinson	Linguistique.

Un Anthropologiste français
chez les Serbo-Croates, au lendemain de 1870

Par GEORGES HERVÉ.

Mesdames, Messieurs,

Par décision de M. le Ministre de l'Instruction publique, une *Journée Serbe* a été célébrée, hier vendredi 26 mars, dans toutes les écoles, dans tous les établissements d'enseignement de la République. Destinée à commémorer le cent-onzième anniversaire des premières luttes de la Serbie pour son indépendance, cette journée aura été surtout un témoignage de haute et reconnaissante admiration. Elle a été l'hommage de la France à d'incomparables vertus patriotiques : la vaillance dans le combat, la constance dans les épreuves, l'esprit de sacrifice poussé jusqu'au martyre, déployés sans faiblesse, avant comme depuis le début de la lutte actuelle, par un peuple de héros, qui donne au monde un des plus fiers, un des plus merveilleux exemples de stoïcisme et de grandeur d'âme que l'histoire ait jamais connus.

L'École d'Anthropologie désirant s'associer à la célébration de la *Journée Serbe*, j'ai choisi un sujet de conférence qui répond à son vœu. J'aurai l'honneur de vous parler d'un anthropologiste français chez les Serbo-Croates au lendemain de 1870. Le sujet intéresse de très près nos études, le lien le plus étroit le rattache à l'histoire même de cette École ; mais je voudrais aujourd'hui, avant toute chose, qu'il traduisît notre intention de servir, d'honorer comme elle le mérite la cause du serbisme, et d'exprimer à l'intrépide petite nation, notre alliée, notre sœur adoptive par le cœur et par les armes, —

notre *pobratime*, comme on dit en Serbie, — une sympathie d'autant plus profonde qu'elle puise à la fois ses raisons dans le sentiment et dans les faits.

I

L'anthropologiste dont je vais vous entretenir nous est particuliè-

Fig. 1. — Abel Hovelacque en 1872 (photographie faite à Temesvar).

rement cher. Ancien président de la Société d'Anthropologie, direc teur de notre École, où, de 1870 à 1881, il a professé l'anthropologie linguistique, fondateur de la *Revue Anthropologique* [1], Abel Hove- lacque, mon ami toujours regretté, dont j'ai eu l'honneur tant d'années d'être le collaborateur, fut en outre membre et deux fois président du Conseil Municipal, puis député de Paris.

1. Fondée sous le nom de *Revue de l'École d'Anthropologie*.

Au commencement de 1872, Abel Hovelacque avait vingt-huit ans. Savant estimé déjà, malgré sa jeunesse, connu en France et à l'étranger, il avait, par de solides travaux, marqué sa place parmi les linguistes, les indianistes et les iranisants. Avec son maître, le grand linguiste Honoré Chavée, il fondait dès 1867 la *Revue de linguistique et de philologie comparée*, le premier recueil spécial consacré à ce genre d'études. Deux ans après, il publiait sa *Grammaire de la langue zende*, tandis qu'il s'adonnait à l'anthropologie sous la forte direction de Paul Broca. L'année terrible interrompt ce labeur. Hovelacque fait vaillamment son devoir. Enfermé dans Paris, engagé dans un bataillon de marche de la garde nationale, il se bat au plateau d'Avron et à Montretout.

Ce fut un an après la fin de la guerre qu'il entreprit le voyage au cours duquel il visita particulièrement la Hongrie méridionale, la Slavonie, la Croatie et la Serbie danubienne, séjournant plusieurs semaines à Temesvar, puis à Belgrade. Ce voyage, fait en partie avec un ami, M. Émile Picot, le savant professeur à l'École des langues orientales, aujourd'hui membre de l'Institut, alors consul de France à Temesvar, avait pour objet de permettre à Hovelacque de se perfectionner dans l'étude pratique du serbe et des langues jougoslaves, dont les leçons de Chavée lui avaient enseigné la théorie; mais il en profita pour se documenter aussi sur l'anthropologie, l'ethnologie, la situation politique, voire économique, des pays qu'il parcourut. Il en rapporta une ample moisson de notes et d'observations qui lui fournirent, les années suivantes, la matière de toute une série de travaux dont nous allons reparler.

Ce n'était là pourtant qu'un des buts poursuivis dans ce voyage d'études, entrepris à titre tout privé. Le séjour d'Hovelacque parmi les Slaves du sud se trouva être en même temps, sous le voile, comme une manière de mission diplomatique, destinée à préparer à notre pays des amitiés et des appuis. Au lendemain de nos défaites, alors que l'Europe presque entière, se détournant de ceux que le malheur avait frappés, regardait vers le soleil levant, et allait porter son adulation et ses hommages à la force triomphante, l'isolement de la France, dangereux certes pour elle, était bien plus encore un péril redoutable, le drame actuel ne le prouve que trop, pour l'avenir même de la civilisation. Ce danger, il était de première importance de travailler à l'écarter, en nous créant d'abord des sympathies

parmi les peuples qui, n'étant séparés de nous par aucun intérêt
essentiel, ne pouvaient au contraire que partager nos craintes, en face
de la prépondérance allemande parvenue à l'apogée et désormais
sans contrepoids. Gambetta l'avait compris; et, tandis qu'à l'inté-
rieur il disciplinait les républicains en un parti capable, le moment

Fig. 2. — Mgr Strossmayer, évêque de Diakovo (1815-1905).

venu, de gouverner, il s'efforçait à l'extérieur de nous assurer quelques amis. Par Ant onin Proust, le futur ministre des Beaux-Arts du
« grand ministère », Gambetta avait connu Hovelacque; s'il n'inspira
pas lui-même le voyage de 1872, il ne l'ignora point, en apprécia les
résultats, qui serv aient les intérêts de notre cause.

Hovelacque, en e ffet, était entré en rapports durant ce voyage, et
avait contracté mê me plus que des liaisons passagères avec plusieurs
personnalités considér ables d'Austro-Hongrie et de Serbie, avec les
libéraux serbes, avec les représentants du parti national croate et

du parti serbe de Hongrie, partis qui revendiquaient alors pour leurs nationaux une fédération équitable et l'autonomie relative, sous la régence de la maison de Habsbourg.

Il fut accueilli de façon flatteuse par Mgr Strossmayer, l'illustre évêque de Diakovo, le grand patriote jougo-slave, apôtre du jougo-slavisme en Autriche-Hongrie, dont la mort, en 1905, a été ressentie comme un deuil public dans le monde slave tout entier. La vie politique de cet ardent prélat n'a été qu'un long effort pour entretenir et fortifier le sentiment national croate, en opposant aux empiétements du centralisme allemand, comme au despotisme de l'irréconciliable adversaire magyar, les droits et la défense du fédéralisme. « En tant que Slaves, disait-il, nous devons avoir une politique slave. Cette politique nous impose le devoir de résister virilement à toute centralisation, qu'elle vienne des Allemands ou des Hongrois. »

L'accueil qu'Hovelacque rencontra en Serbie ne fut pas moins favorable. Cordialement reçu à Belgrade par des hommes de science tels que Safarik, le célèbre linguiste, et le colonel Zach, président de la Société scientifique et directeur de l'École militaire, il eut surtout l'occasion d'y cultiver la connaissance d'un savant éminent, d'un noble et illustre patriote, mort tout dernièrement, je veux parler de Stoyan Novakovitch. Philologue, historien, homme d'État, Stoyan Novakovitch, déjà ministre de l'Instruction publique en 1873 dans le cabinet libéral de Ristitch, a confondu sa vie, durant trente-cinq ans, avec la vie politique et diplomatique de son pays[1]. Il en a défendu glorieusement les intérêts dans les conjonctures les plus critiques, soit à la tête du ministère serbe, soit en d'importantes missions à l'étranger, dont la dernière comme délégué de la Serbie à la conférence de Londres, pendant la guerre des Balkans. Son œuvre scientifique est de haute valeur[2].

1. Voir dans l'*Echo de Paris*, du 20 février 1915, l'éloquente notice où S. Ex. M. Mil. R. Vesnitch, l'éminent ministre de Serbie à Paris, a rendu hommage à son maître et ami. — Voir aussi l'article du *Dizionario biografico degli Scrittori contemporanei*, de Ang. de Gubernatis, sur Novakovitch.

2. Membre correspondant de l'Institut de France en 1913, St. Novakovitch avait été, à ses débuts, professeur au Grand Gymnase, puis professeur d'histoire de la littérature jougo-slave à l'École supérieure, et directeur de la Bibliothèque et du Musée national serbe de Belgrade.

Nous ne pouvons que mentionner ici son *Histoire de la littérature serbe*; sa *Bibliographie de la nouvelle littérature des Serbes* (1740-1867), continuée dans le *Journal de la Société scientifique de Belgrade*; sa *Chrestomathie de la littérature*

II

De retour à Paris au printemps de 1872, et encore sous l'impression de ses entretiens avec les personnalités que nous venons de nommer, mettant à profit en outre les observations qu'il avait faites par lui-même, Abel Hovelacque publia une brochure, *La France et les Slaves du Sud*, où, l'un des premiers, il soutenait cette idée, que la politique française devait chercher à l'orient de l'Europe le rétablissement de l'équilibre, rompu à son détriment et au profit de l'Allemagne par les événements de 1866 et de 1870. Cette idée, il put la voir à peu près réalisée vingt ans plus tard, à l'aurore de l'alliance franco-russe. En 1872, dans les pays sud-slaves, régnait déjà l'espoir, l'attente d'une telle union. « Les Français », remarquait-il, « sont bien reçus aujourd'hui par tous les Slaves, qui voient en nous leurs alliés de demain ».

Grâce à l'amitié et à la confiance des siens, j'ai eu entre les mains les lettres adressées par Hovelacque à sa famille pendant ces mois d'absence. Précieuses pour connaître ses impressions devant les faits généraux qu'il relevait, et son état d'esprit devant les dispositions qu'il constatait à notre égard chez les peuples des bords du Danube, immédiatement après la guerre franco-allemande, ces lettres deviennent aujourd'hui un document d'un très grand intérêt. Leur caractère d'intimité, l'abandon avec lequel elles sont écrites, nous en garantissent la sincérité absolue. Hommes et choses y sont jugés en toute liberté, avec une netteté d'expression parfois même un peu crue, mais ne laissant aucun doute sur la force du sentiment qui animait l'auteur. Et pour ce qui est de ses jugements politiques, vues sur le présent ou prévisions d'avenir, il en est qui étonneront certainement par leur rare perspicacité. De ces lettres, plusieurs passages m'ont paru mériter de vous être communiqués; mais, afin de ne point rompre le fil de mon exposé, vous me permettrez d'en remettre la lecture à la fin de ma conférence.

J'ai hâte, en effet, Messieurs, d'arriver aux études scientifiques

<hr>

serbe du moyen âge; ses éditions de textes médiévaux, de chants populaires serbes, etc. En linguistique, Novakovitch a publié notamment une *Syntaxe serbe*, depuis longtemps classique.

consacrées par Hovelacque aux populations slaves, aux Slaves du sud principalement.

Peu de sujets sont, je ne dirai pas plus obscurs, mais plus obscurcis et encombrés, pour de multiples causes, — diversité des langues, grand nombre et enchevêtrement des races, préjugés nationaux, hypothèses ethnogéniques, erreurs de méthode, enfin, qui trop souvent font généraliser des observati_ns particulières, — que la question slave. Mon intention ne saurait être de l'aborder ici, ni même de rappeler les innombrables travaux qu'elle a suscités. Il est certain, d'ailleurs, que sur cette grande question le dernier mot n'est pas dit : ce chapitre de l'ethnologie européenne subira sans nul doute, dans l'avenir, plus d'un remaniement. Quoi qu'il arrive, on devra à Hovelacque d'avoir planté, en ce domaine immense, quelques jalons, d'y avoir tracé, dans la partie anthropologique, telles lignes directrices dont on ne s'écartera plus sans risquer de s'égarer.

Pour un ethnologue comme lui, la notion de race primait toutes les autres. Or, disons-le d'abord : à aucun moment, Hovelacque ne s'est prononcé pour l'existence d'une race slave homogène — erreur dont il était bien incapable et qu'il a, au contraire, combattue toujours —; bien plus, il ne s'est pas prononcé catégoriquement, tant il sentait le danger d'affirmations prématurées, sur l'existence, parmi les populations de langues slaves, d'un élément formateur particulier et défini, à qui ce nom de *race slave* fût spécialement attribuable. La diversité ethnique des populations dont il s'agit est ce qui le frappait surtout. Il y a insisté avec force, et c'est là-dessus, visible-ment, qu'il a mis l'accent. On s'en convaincra en lisant le petit chef-d'œuvre d'exposé ethnologique en dix pages qu'est l'article SLAVES du *Dictionnaire encyclopédique des Sciences Médicales*, de Dechambre, où Hovelacque écrit :

« On ne saurait parler, nous semble-t-il, d'un type slave, d'une race slave. La diversité des différentes races slaves est plus grande peut-être que ne l'ont pensé Prichard, Brace, d'Omalius d'Halloy et les auteurs qui partagent leur manière de voir. Ce n'est point assez dire que de rattacher aux populations blondes les Slaves du nord et aux populations brunes les Slaves du sud et du sud-est. Chez les Polonais, par exemple, il est aisé de distinguer plusieurs types... Même variété chez les Russes... Les expressions de Slaves du nord et de Slaves du sud sont loin, d'ailleurs, d'indiquer deux types différents, ou plutôt de n'indiquer que deux types différents. Ainsi le Russe et le Ruthène appartiennent l'un et l'autre au groupe du nord, et cependant il faut les distinguer nettement l'un de l'autre. Le Russe est blond et a un petit œil gris (Barchewitz), tandis que le Ruthène est châtain et a l'œil noir. — Les Slaves du sud ne forment pas plus un groupe particulier que les Slaves du nord. En ce qui concerne, par exemple, le teint et la chevelure, il existe chez eux des populations à chevelure et à teint très clairs et des populations très foncées. Quiconque a passé quelques instants sur la grande place d'Agram, où se tient chaque matin le marché et où se trouvent réunies un nombre considérable de paysannes des environs, peut dire que toutes ces femmes appartiennent à une race homogène, au teint clair et aux cheveux blonds ardents (nous ne disons pas roux). Dans la ville même le type est mélangé, mais dans la campagne environnante il est tout à fait frappant. — Entre les Serbes et les Bulgares, qui appartiennent les uns et les autres au groupe des Slaves du sud (ou Jougo-Slaves), il existe des différences qu'ont pu apprécier tous ceux qui ont parcouru la Serbie et la péninsule des Balkans... En somme, il n'y a pas plus un type slave du sud qu'un type slave du nord...

« On voit aisément d'après ce qui précède à quel point il est inexact de parler d'un type slave, d'une race slave, d'un crâne slave... Rien n'autorise à regarder le Bulgare et le Croate comme appartenant à un seul tout, rien n'autorise à ranger dans une même famille le Russe et le Tchèque. On est donc moins autorisé encore, s'il est possible, à grouper en un seul et même tout, Russes, Tchèques, Bulgares et Croates. Lorsque Retzius écrivit que le crâne slave était brachycéphale et orthognathe, il formula une conclusion précipitée et vicieuse. Il y a des crânes slaves brachycéphales, il y en a sans aucun doute un grand nombre, mais il se présente aussi chez les Slaves bien des crânes allongés, non point à l'état sporadique, à l'état individuel, mais dans des populations entières. On ne peut affirmer qu'il n'y ait qu'un seul type russe, un seul type ruthène, un seul type bulgare, et l'on ne saurait parler, à aucun point de vue, d'un type slave et d'une race slave. »

Rien de plus net. Et cependant, qu'il me soit permis d'ajouter, avec la connaissance que je crois avoir du fond de la pensée scientifique d'Hovelacque, que s'il avait pu poursuivre ses travaux, il eût été conduit à une conception qui est aujourd'hui celle d'un grand

nombre d'anthropologistes, surtout en France, à savoir que la véritable race slave serait l'élément brun, brachycéphale et de médiocre
stature qui forme, parmi les Slaves du sud en particulier, un élément
très considérable par le nombre, et, ethnogéniquement, de première

Fig. 3. — Abel Hovelacque (1813-1896).

importance. Hovelacque, en effet, avait reconnu le premier que certaines populations slaves méridionales peuvent être rattachées à ce
type, qui est aussi, comme il a contribué à le montrer, celui des
populations dites quelquefois celtiques ou celto-ligures de l'Europe
centrale et occidentale. Les Slaves de Carniole, de Croatie, de Slavonie, bien que beaucoup plus métissés que ne sont, par exemple,
nos Savoyards, et bien que chez eux se rencontre fréquemment un
élément blond, lui semblaient faire partie de cette race.

Enfin il n'ignorait point que les crânes croates des Confins mili-

taires, que Broca devait à l'obligeance du professeur Pilar, de l'Académie d'Agram, forment une série extrêmement remarquable, tant
par la ressemblance de ses différentes pièces entre elles que par la
ressemblance de l'ensemble avec nos séries dites celtiques. Ces
crânes, de forme globuleuse, sont franchement brachycéphales (indice
céphalique moyen : 84,3) et mésorrhiniens (indice nasal moyen : 49,8).

III

Mais laissons de côté le point de vue ethnique. Il est manifeste
qu'abstraction faite de la race, et en dehors même de toute aspira-
tion nationale pouvant les rapprocher, un lien commun, lien étroit,
groupe et unit entre eux les Slaves, de quelque sang qu'ils soient.
Ce lien, c'est la langue, facteur ethnographique et sociologique si
capital.

Hovelacque a traité de l'ethnographie linguistique des peuples
slaves dans l'article cité du *Dictionnaire encyclopédique des Sciences
Médicales*, et dans un article spécial sur la langue serbe, publié en
1877 dans le journal *La République française*. On trouvera là, ainsi
que dans son excellente *Linguistique*, un résumé très exact, très bien
fait, de tout ce qui concerne l'introduction en Europe des langues
slaves, leur caractère général, leurs limites anciennes, leurs limites
présentes, leur classification enfin, qui a donné lieu à bien des con-
troverses, et sur laquelle les autorités ne se trouvent point d'accord
à l'heure qu'il est.

De toutes les langues slaves, mortes (slave liturgique ou vieux-
slave ecclésiastique; polabe), ou vivantes (russe, ruthène, polonais,
tchèque et slovaque, sorbe ou sorabe, bulgare, croato-serbe et
slovène), le bulgare est celle dont les formes se sont le plus altérées.
C'est lui qui reflète le moins fidèlement les caractères communs du
type, et son vocabulaire a grandement subi l'influence des idiomes
voisins, le turc, le grec, le roumain, l'albanais. Au contraire, une
place particulièrement importante est due, dans la linguistique
slave, à la langue serbe, au croate, ou, mieux, au *croato-serbe*, car
serbe et croate sont une seule et même langue. Sous le triple rapport
géographique, linguistique et historico-littéraire, le serbo-croate
mérite cette place prééminente.

Les pays où résonne la langue serbe, et qui constituent son empire, sont avec le royaume de Serbie tout entier, agrandi de ses reprises d'hier, une partie de la Hongrie méridionale, autour de Zombor et de Temesvar (Banat), la Slavonie, la Croatie, la presque totalité de l'Istrie, la Dalmatie, les provinces de Bosnie et d'Herzégovine, et le royaume du Monténégro, soit une vaste étendue de contrées comprenant près de 9 millions et demi d'habitants, et qui compte deux grands centres intellectuels, Belgrade et Zagreb (Agram). On y rattache en outre le domaine du *slovène* (Carinthie et Styrie méridionales, Carniole, partie de l'Istrie), idiome parlé par plus de 1 250 000 individus, intimement allié au croate et qui en partage l'importance linguistique. En somme, 10 p. 100 au moins des sujets de la monarchie austro-hongroise parlent croato-serbe ou slovène.

Hovelacque, nous l'avons dit, avait fait du serbe, durant son séjour à Temesvar et à Belgrade, une étude spéciale, malgré les difficultés qu'offre cette langue. « Les lois euphoniques sont nombreuses, et il n'y a pas à songer à en faire bon marché; la déclinaison est très compliquée, les cas sont multiples, et les désinences varient suivant que le nom est masculin, féminin ou neutre. La conjugaison offre aussi ses difficultés. Ajoutez à cela l'écueil de l'accentuation. Dans certaines langues slaves (en tchèque, en polonais), l'accent se place sans peine aucune. Mais en croato-serbe, il peut affecter toute syllabe, quelle que soit la position de cette syllabe dans le mot. C'est ce qui se rencontre également en russe. C'est là, pour l'étranger, une difficulté considérable, et qui s'accroît du fait que les lois d'accentuation ne sont pas encore scientifiquement expliquées. — Quoi qu'il en soit, ajoutait Hovelacque, et pour en revenir à la grammaire proprement dite, nous n'hésitons pas à penser que le serbe est, de toutes les langues slaves vivantes, celle que peuvent étudier avec le plus de profit les personnes curieuses de ces sortes de recherches. Elle a moins souffert assurément dans sa phonétique et dans le mode de structure de ses mots que n'ont souffert les autres langues congénères. L'apprenti « slavisant » ne devra passer au russe et au tchèque qu'après s'être familiarisé avec le slave liturgique et le serbo-croate ». Ce dernier, par certaines de ses formes, est même mieux conservé que le slave liturgique, improprement appelé *ancien slave*, qui a peut-être donné naissance au bulgare moderne, mais n'est qu'une langue sœur du croato-serbe aujourd'hui éteinte, la langue des apôtres Cyrille et Méthode, dans laquelle furent traduits, au ix* siècle, les Évangiles.

Nous voyons, d'autre part, que malgré la multiplicité de ses dialectes, la langue serbe possède une unité bien nettement établie. De ces dialectes, on compte trois principaux : celui de *l'est* (en Serbie; en Hongrie, au sud de Temesvar, à Zombor et Novi-Sad); celui de *l'ouest*, en Croatie, ce dernier pénétré de formes slovènes; celui du *sud*, en Dalmatie. « L'étranger qui parle serbe devra se conformer à l'usage de chaque dialecte, mais il peut, en toute sûreté, user à Belgrade de la prononciation de Raguse, à Raguse de celle de Belgrade; il lui suffit d'être fidèle à un seul et même système dans le cours d'une seule et même conversation. »

Comme dernière raison de l'importance du serbo-croate, il convient enfin de rappeler l'existence d'une littérature populaire remontant à la fin du moyen âge pour la Croatie et la Dalmatie, plus tardive en Serbie, mais qui à son tour y a pris l'essor quand, à la fin du xviii* siècle et au commencement du xix*, la langue put secouer définitivement, sous l'impulsion d'un Dosithée Obradovitch, d'un Vouk Stefanovitch, le joug liturgique qui pesait sur elle. C'est vers 1835 que le rapprochement commença à se faire entre la littérature des Serbes occidentaux (Croates) et celle des Serbes orientaux. Ce rapprochement était dû surtout au mouvement politique, et il est certain qu'en retour il le favorisa puissamment. Alors parurent chez les Slaves du sud des journaux politiques, rédigés en langue croato-serbe, et, de ce jour, les Magyars se trouvèrent en face d'une nation qui avait enfin conscience d'elle-même, de son passé, de son présent, de son avenir. A l'heure où nous sommes, la littérature scientifique (pour ne parler que d'elle) des Croates et des Serbes a pris une ampleur et atteint un niveau très remarquables. Les établissements de haut enseignement de Belgrade[1], l'Académie d'Agram, une des fondations les plus chères au cœur de Mgr Strossmayer, ont surtout aidé à la développer.

« Il reste — écrivait Hovelacque, qui, sur les sujets confessionnels, avait son franc-parler — il reste aux Slaves du sud, pour arriver à une union plus complète encore (en dépit des barrières politiques qui peuvent les séparer, au moins en apparence), à perdre le sou-

---

1. Ils forment aujourd'hui l'Université de Belgrade.

venir de leurs dissidences religieuses. Il y a là un sujet de discorde
que leurs ennemis entretiendront toujours. A eux de terminer ce
désaccord en renvoyant dos à dos popes grecs et prêtres latins... »
Différend considérable, en effet, et qui est resté jusqu'ici, entre
Serbes et Croates, la vraie pierre d'achoppement; car, on l'a dit
avec vérité, toutes les nuances qui les distinguent sont grossies et
poussées au vif par l'antagonisme des religions, le Croate rivé à sa
foi catholique, le Serbe à l'orthodoxie. Il faut regarder comme une
des manifestations les plus notables de ce divorce religieux le double
alphabet qui s'oppose à la complète unification de la langue croato-
serbe : à l'est, alphabet cyrillien, ou alphabet slave (commun aux
Bulgares, aux Serbes, à plus de cent millions de Russes, et dont il
serait sans doute chimérique d'espérer la disparition); à l'ouest,
alphabet latin, complété à l'aide de certains signes accessoires. On
ne saurait trop déplorer ce dualisme. « Il retardera longtemps
encore les rapprochements de toute espèce que la civilisation européenne aurait tant d'intérêt à voir s'opérer entre les Serbes et le
royaume triunitaire dalmato-croato-slavon » (art. *Slaves*, p. 69).

IV

Le Royaume triunitaire dalmato-croato-slavon!... Ces derniers
mots nous montrent Hovelacque — très renseigné à la suite de son
séjour en Hongrie et en Serbie, de ses excursions dans le Syrmium
et en Croatie, de ses conversations avec des hommes publics, politiques, écrivains ou professeurs, — attentif aussi au mouvement
politique et aux aspirations nationales qui se produisaient et qui se
poursuivent sur la scène, qu'en France nous avons eu longtemps le
tort de trop peu connaître, du monde Jougo-slave.
Sur les 22 500 000 sujets slaves que compte la monarchie bicé-
phale, les Slaves du sud en revendiquent 6 millions et demi environ,
dont 1 250 000 à peu près appartenant au groupe ou « pleine » slovène cisleithan (Carniole, Istrie, Carinthie, Styrie méridionale),
2 250 000 au groupe croate (Croatie-Slavonie, Dalmatie cisleithane,
Bosnie-Herzégovine), et 3 millions au groupe serbe (Hongrie méridionale, Croatie-Slavonie, Bosnie-Herzégovine, Dalmatie).
Hovelacque avait compris toute l'importance, non seulement pour

l'avenir des pays mêmes auxquels elles ressortissent, mais encore
pour la politique balkanique, pour la politique européenne, pour
celle de la France très particulièrement, de ces populations en
tutelle, mais pleines de sève et de légitimes ambitions; il sentait et
il prévoyait que si ce sont aujourd'hui les Allemands et les Magyars
qui règlent, non d'ailleurs sans lourdes difficultés et conflits inso-
lubles, les destinées de la monarchie autrichienne, « il ne faut pas
oublier qu'à côté d'eux, et plus nombreux qu'eux, vivent des Slaves
et des Roumains appelés les uns et les autres, par la force même
des choses, à se jeter dans le mouvement fédératif et démocratique
qui peut seul leur assurer une influence légitime et souhaitable ».
L'article qu'il a consacré, dans la *Réforme économique* du
1er avril 1876, aux Slaves du sud en Hongrie, à ces populations
jougo-slaves sacrifiées d'un trait de plume par le compromis austro-
hongrois, le fameux *Ausgleich* de 1867, et dont une partie seulement, la *Kraljevina Hrvatska*, le royaume croate-slavon, jouit, en
vertu de la *Nagoda* ou pacte constitutionnel conclu en 1868 avec la
Hongrie, d'un semblant d'autonomie et d'une indépendance toute
théorique, cet article est fort intéressant à relire, à la lumière des
faits qui se sont produits depuis lors.

Hovelacque, s'appuyant sur ce qu'il avait vu lui-même et sur les
renseignements de première main contenus dans l'ouvrage anonyme,
mais dont il connaissait bien la genèse : *Les Serbes de Hongrie, leur
histoire, leurs privilèges, leur église, leur état politique et social*
(Paris, 1873, Maisonneuve), jette dans cet article un coup d'œil
d'ensemble sur l'histoire et l'état politique des populations serbes
de la Hongrie du sud-est, et il y envisage également la condition de
la Croatie.

Venus, au viie siècle de notre ère, de la région des Carpathes
orientales, s'établir dans les contrées qu'ils occupent encore aujour-
d'hui, Serbes et Croates étaient christianisés au ixe siècle, conquis
en partie par les Magyars, peuple ouralo-altaïque, au xe siècle et au
xie, divisés à la même époque par le grand schisme d'Orient qui, s'il
sauvegarda en une grande mesure la nationalité des Serbes, eut,
par contre, ce funeste résultat de les éloigner de leurs frères de
Croatie et de Dalmatie. Après que la fatale journée de Kossovo, en
juin 1389, eut livré la Serbie aux Turcs, les Serbes, déjà établis en
Syrmie, et ceux qui occupaient la rive gauche du Danube et les rives

de la Tisza, se virent renforcés par une émigration considérable de leurs compatriotes. La Hongrie trouva dans ces nouveaux venus toute une pépinière de solides et vaillants soldats. Dans la longue lutte contre les Ottomans, au xvi° siècle, la maison d'Autriche n'eut pas de plus fidèles soutiens que les émigrés serbes, tandis que, triste spectacle, les Magyars, que l'on pouvait croire acquis à la civilisation occidentale, alliaient au contraire leurs armes à celles du Turc et lançaient leurs troupes infidèles sur le territoire de l'Autriche et de la Styrie.

Dans la seconde moitié du xvii° siècle, intervient entre l'empereur Léopold et une nouvelle immigration de 5 ou 600 000 Serbes qu'il avait attirés en Hongrie, un véritable contrat, contrat en vertu duquel les Serbes obtenaient, en retour de l'impôt du sang, non seulement des territoires, mais des *privilèges* « qui leur ont constitué jusqu'à ce jour des droits très évidents, très légitimes, contre la prescription desquels ils ont toujours protesté » : droit de former une nation distincte, ne relevant que de l'empereur ; libre exercice de leur culte ; droit d'élire dans leur sein un voïévode et de s'administrer d'après leurs coutumes nationales. Malheureusement, « leur pacte avec l'empire ne reposait sur aucune garantie. On leur avait fait les promesses les plus solennelles, mais l'exécution de ces promesses n'avait aucune caution. Ils n'ignoraient que trop, au moment où leur ancien pacte fut conclu, que l'empire vivait avant tout du désarroi soigneusement entretenu entre ses différentes populations. » L'empereur leur avait promis de faire ériger leurs privilèges en lois par la Diète hongroise. Or, celle-ci se refusa, en 1723, à reconnaître les engagements pris par Léopold, déclarant que les Magyars ne pouvaient consentir au morcellement du royaume de Hongrie. L'administration de l'aristocratie magyare, secondée par les jésuites, fut, pour les sujets serbes de la couronne de Saint Étienne, l'oppression, la ruine et le désastre, dont ne parvint même pas à les tirer le contre-coup, pourtant si considérable partout, de la Révolution française.

« Napoléon définitivement tombé, — écrivait Hovelacque, — la lutte des différentes populations de Hongrie et d'Autriche reprit avec une intensité nouvelle. Les classes dirigeantes magyares furent les premières à assurer leurs positions et, sous couleur de parlementarisme, elles procédèrent avec plus de résolution que jamais

à l'asservissement des populations slaves et roumaines de la Hongrie. Leurs efforts pour propager la langue magyare et la faire
passer au rang d'idiome officiel, ne manquèrent pas d'attiser une
animosité qui n'était que trop justifiée, et les Serbes, qui venaient
précisément d'être témoins de la grande rénovation de leur littérature, en furent profondément émus... La Révolution de 1848 trouva
les Slaves du sud plus disposés que jamais à revendiquer leurs
anciens droits. Sans songer à se détacher de la Hongrie et tout en
lui reconnaissant l'action diplomatique, ils réclamaient le respect
de leurs droits nationaux dans les affaires intérieures. Kossuth
repoussa sans ménagements cette pétition et ne craignit pas d'en
appeler à la justice de l'épée. Aussitôt la résistance s'organisa... »
On comprend, devant cette longue suite d'exactions et de dénis de
justice, la part prise par les Serbes, sous Jelatchitch, à la répression
de la révolution hongroise. Les Serbes, qui passaient de la condition
d'insurgés à celle d'auxiliaires de l'empire, le sauvèrent ce jour-là,
à côté des Russes de Nicolas Iᵉʳ. Une fois encore, l'Empire avait
échappé à la ruine, mais, une fois encore également, l'Autriche
devait indigner le monde par sa proverbiale ingratitude. Ses fidèles
défenseurs virent leurs droits méconnus, et, assistant à un nouvel
effondrement de leurs espérances, il ne leur resta plus même à
choisir entre la réaction allemande et le despotisme magyar.

Quant aux Slaves du sud-ouest ou de Croatie, nominalement auto-
nomes depuis le dualisme, ils étaient en fait incorporés à la Hongrie
en vertu du *compromis* particulier de 1868, œuvre d'une Diète
accusée avec raison d'avoir été vendue aux Magyars, et dont l'élec-
tion s'était faite sous le régime de la terreur. Hovelacque a résumé
leur histoire et exposé leurs revendications jusqu'au moment où il
écrivait (1876). A ce moment, rien encore n'avait été obtenu : les
affaires croates se trouvaient toujours à la discrétion absolue du
gouvernement magyar et de ses délégués. Parmi les demandes du
parti national, « il s'en trouvait une dont l'importance était capitale :
la réunion en un seul gouvernement de la Croatie, de la Slavonie
et de la Dalmatie, cette dernière province dévolue à l'Autriche lors
du compromis austro-hongrois, tandis que les deux premières
étaient abandonnées à la Hongrie. Réclamer la réunion des trois
provinces, c'était attaquer le système du dualisme qui reposait précisément sur le partage des Slaves du sud, aussi bien que des Slaves

du nord, entre les Magyars et les Allemands ». Qu'on se rappelle le mot de Beust — ou attribué à Beust — discutant avec le ministre hongrois les conditions du compromis dualiste : « Gardez vos hordes, nous garderons les nôtres !... » Les hordes, c'étaient les populations asservies, slaves surtout, de la double monarchie. En 1876, il y avait lieu de se demander si l'état triunitaire de Croatie, de Slavonie et de Dalmatie serait jamais rétabli. Hovelacque répondait : « Nous ne pouvons le prévoir, mais il est aisé de comprendre que cette revendication légitime ne doit jamais sortir de la pensée des Slaves de Hongrie, et qu'elle doit être consignée dans tous leurs cahiers. Nous la verrons reparaître assurément lorsqu'il sera question de la revision du compromis ».

Il ne se trompait point. La question est entrée en effet dans une phase aiguë après le traité de Berlin, c'est-à-dire à partir de l'occupation par l'Autriche de la Bosnie et de l'Herzégovine, provinces dont la population est en grande majorité de langue croate. Le parti national croate reprit alors, en une agitation violente, le projet d'un royaume de Grande-Croatie, *indépendant de la Hongrie*, et relié à la monarchie par une simple union personnelle. En 1878, la Diète d'Agram votait une adresse à l'empereur pour demander la réunion de la Bosnie et de la Dalmatie; et, en renouvelant le compromis avec la Hongrie, elle exigea l'annexion à la Croatie des Confins militaires, province qui fut enfin incorporée à cette dernière avec représentation à la Diète.

Chez les Serbes de la Hongrie sud-orientale, le parti national, autonomiste et non séparatiste, formé par la majorité de la nation, a surtout, au contraire, concentré son effort sur l'organisation des affaires ecclésiastiques et scolaires : il protestait en 1884 contre le gouvernement magyar, réclamant de nouveau les droits reconnus aux Serbes en 1790, 1848, 1868, d'élire leur métropolite et de régler eux-mêmes ce qui concerne leurs diocèses et leurs écoles. Il n'est pas inutile cependant de rappeler que dès janvier 1869, à la conférence de Betchkérek, les Serbes se déclaraient solidaires des autres nations de la Hongrie, tenues comme eux par le gouvernement de Pest dans une condition misérable, et qu'il y a peu d'années, Serbes, Slovaques et Roumains ont formé alliance pour la défense de leurs droits nationaux, sous réserve de l'intégrité du royaume. Hovelacque appréciait avec grande justesse et comme elle devait l'être cette situation, lorsqu'il écrivait : « Les griefs des Serbes hongrois cadrent aisément avec ceux que font entendre les Croates. Au fond, il ne s'agit pour les uns et pour les autres que de recouvrer leur part d'autonomie. Avant tout, ils prétendent exclure toute ingérence allemande et magyare de leurs églises et de leurs écoles, et se soustraire à l'influence jésuitique contre laquelle ils ont toujours eu à lutter. Puis, ils protestent avec énergie contre toute prescription des anciens privilèges dont nous avons parlé... Il existe bien en Hongrie un parti serbe et surtout un parti croate qui songent à acquérir une autonomie absolue et à briser tous les liens qui retiennent leur pays à la monarchie austro-hongroise; mais ce parti est peu nombreux. La grande majorité des nationaux ne demandent qu'une fédération équitable et l'autonomie relative, sous la protection et la régence de la maison de Habsbourg... Les privilèges des Serbes, ou, pour parler plus exactement, les droits que l'on qualifie de ce nom, n'ont rien de commun avec les prérogatives féodales. On ne saurait trop le répéter, les soi-disant privilèges des Serbes de Hongrie résultent d'un pacte légitime et de traités consentis en toute liberté. Nous ne chercherions certes pas à les défendre s'il s'y trouvait quelque disposition aristocratique et hostile au droit actuel; mais notre conviction est que ces droits sont en général conformes aux principes de la société libérale et égalitaire. Nous abandonnerions volontiers leur qualité de droits historiques, bien qu'ils aient été soutenus de générations en générations; il nous suffit, il doit nous suffire qu'ils répondent aux exigences et aux principes de la civilisation moderne. Le jour est-il proche, est-il éloigné où justice leur sera rendue? Nous ne sommes pas en mesure de le prévoir; mais nous prenons acte de la persévérance de ceux qui les font énergiquement valoir à travers les persécutions de toute nature, et nous pensons que, même dans la monarchie austro-hongroise, le bon sens, l'intérêt général et la force des choses auront raison quelque jour de la domination des castes guerrières et sacerdotales. »

Y eût-il en cette conclusion une confiance qu'il ne nous est plus permis aujourd'hui de partager, il n'en resterait pas moins, Messieurs, que rien dans les vues essentielles d'Hovelacque n'a été contredit par les faits postérieurs. Les enquêtes des publicistes depuis une trentaine d'années les ont pleinement confirmées. Je ne sortirai pas, en le constatant ici, des limites que le sujet m'impose. Ouvrez, par exemple, le livre d'un écrivain qui a étudié ces questions sur place, longuement et à fond, je veux parler de M. Ch. Loiseau, et de son ouvrage : *Le Balkan Slave et la crise autrichienne* (Perrin, 1898); vous y trouverez le tableau d'une évolution historique dont les plus récents stades développent ceux qu'avait résumés Hovelacque, de même qu'on y entrevoit déjà, à l'état naissant, un futur qui prend corps à cette heure, et qu'il avait entrevu. Caractère de démocraties paysannes des sociétés jougo-slaves; programme de la « Grande Croatie », dont la réalisation eût été l'avènement, dans le sud de la monarchie austro-hongroise, d'un royaume slave ne comprenant guère moins de 6 millions de sujets, et dont la couronne se fût unie, indépendante, à celles que porte déjà l'empereur-roi; programme opposé du *Serbisme*, qui s'est ramené toujours, jusqu'aujourd'hui, à conserver indélébile le caractère de communauté nationale religieuse datant du statut de Léopold I{{er}}, mais qui est devenu, depuis l'occupation de la Bosnie-Herzégovine et l'extension de l'Austro-Hongrie du côté du Balkan, beaucoup plus manifestement irrédentiste, voilà ce qui remplit toute une partie du livre de M. Loiseau. Le fait nouveau, depuis 1878, c'est, on le voit, l'attitude du serbisme aux yeux duquel « le *Drang nach Osten*, dont l'occupation bosniaque n'est qu'une première et menaçante expression, constitue une seconde invasion, dont les conséquences risquent d'être aussi fatales pour les Jougo-Slaves que celle du Turc. Jamais la race ne parviendra à trouver une assiette stable, des frontières légitimes, l'indépendance nationale et surtout économique, si le monde allemand se trace au milieu d'elle, dans la direction de Salonique, une frayée pour ses colons, ses commerçants et ses soldats » (*Op. cit.*, p. 167). Telle est la raison pourquoi les Croates, en s'appliquant au contraire, sous l'influence de leur clergé, à consolider les résultats de l'annexion bosniaque, dans l'espoir chimérique d'en voir sortir une Croatie agrandie et fédérée, à laquelle ni les Magyars ni les Allemands d'Autriche n'auraient jamais consenti, méconnaissaient, selon les Serbes, les intérêts supérieurs et collectifs des Slaves du sud. Les Serbes étaient dans le vrai.

Dans ces mouvements politiques qui agitent les peuples jougo-slaves, gardons-nous, Messieurs, de ne voir que des luttes locales, des rivalités bornées aux seules affaires des pays où elles se déploient : leur portée est internationale, la guerre actuelle le prouve jusqu'à l'évidence, et la France moins que toute autre pourrait s'en désintéresser.

« La fonction des Slaves du sud, dans ce grand livre de l'Europe dont l'édition définitive n'est pas encore tirée », écrivait M. Loiseau dès 1898, « nous paraît être *une*, en dépit de l'échelonnement des frontières qui font de ce monde comme une sorte de damier. Elle est de retarder, de compromettre même, en Autriche-Hongrie, comme au delà, les suprêmes conséquences de la politique du prince de Bismarck. Imaginez, dans ce Balkan slave, une dégénérescence de l'esprit national, ou même une simple transaction morale avec la poussée germanique, nous aurions là tous les éléments d'une seconde Autriche, associée, comme celle d'aujourd'hui, aux intérêts dont le centre est à Berlin. » Heureusement, menacés par l'extension grandissante du pangermanisme, ayant senti le danger pour leur existence nationale de la mainmise à peine dissimulée qui avait commencé, Serbes, Croates, Slovènes, Bulgares même, tous les plemena jougo-slaves ont vu la nécessité d'un rapprochement contre l'ennemi commun, et sont devenus ou deviendront de ce fait nos alliés naturels. Tous constituent comme la barrière vivante qui se dresse entre la race allemande et son nouveau protégé, l'Empire ottoman, que l'Allemagne entendait bien rejoindre, pour le secourir... en l'absorbant.

Là non plus, Hovelacque ne s'était pas mépris sur le sens des événements que devaient voir les générations prochaines, et c'est par ces lignes perspicaces qu'il terminait son article sur les Slaves du sud en Hongrie : « L'Allemagne compte sur la Hongrie pour continuer à s'avancer peu à peu vers le bas Danube, et les Magyars, de leur côté, s'appuient ouvertement sur l'Allemagne pour défendre leur hégémonie en Transleithanie. C'est affaire aux populations slaves et roumaines des deux parties de l'empire que de resserrer entre elles les liens qui peuvent déjà les unir. Dans l'état actuel de l'Europe, il ne semble ni opportun ni souhaitable qu'elles visent à autre chose qu'à une fédération égalitaire, d'où le peule magyar lui-même ne serait pas exclu ; *mais il leur importe aussi d'être prêtes à tout événement, et il se peut que l'avenir réserve à la maison de Habsbourg de nouvelles et prochaines épreuves.* »

V

Ce qu'Hovelacque ne faisait qu'indiquer là comme une possibilité future est en train de devenir sous nos yeux la réalité de demain. Nous assistons, Messieurs, à l'écroulement de la monarchie des Habsbourg, qui apparaît, à cette heure, en pleine crise, non de transformation mais de dissolution. C'est elle qui l'a voulu, que ses destins s'accomplissent!... En s'abandonnant complètement, comme elle l'a fait, aux influences, à la direction magyares; en acceptant, autant par naturelle sympathie que sous ces influences, les suggestions venues de Berlin; en s'inféodant, servante docile, à son vainqueur de 1866, la monarchie autrichienne a sacrifié de plus en plus les populations slaves, celles de l'Empire et celles du dehors, aux insatiables appétits de domination des Hongrois, aux ambitions teutoniques. Les persécutions incessantes d'un gouvernement aussi absurde que tyrannique ont fini par avoir raison du loyalisme héréditaire de ses sujets slaves du sud. Quoi d'étonnant, dès lors, qu'il ne puisse plus s'agir, pour ces populations opprimées, de simple autonomie, et que la question se pose maintenant de leur affranchissement complet, de leur nationalité reconquise?

Et c'est ce même gouvernement, ce gouvernement imbécile et présomptueux, toujours en retard, suivant le mot de Napoléon, d'une armée, d'une année, d'une idée, — voire de plusieurs idées, — qui a déchaîné la catastrophe ultime quand il a prétendu réduire à l'état de vassalité humiliée la noble et héroïque Serbie. Vous savez comment elle a répondu. Faut-il rappeler l'annexion définitive de la Bosnie-Herzégovine, à la fin de 1908, ayant pour contre-coup fatal la guerre balkanique de 1912-1913; et n'est-ce point parce qu'alors, à cette « heure décisive », les victoires serbes et les victoires grecques sont venues couper, devant la poussée du monde austro-allemand, les routes de l'Égée et de l'Orient turc, que la guerre actuelle a été machinée par les deux complices du crime qui ensanglante le sol de l'Europe, et qui indigne, qui frappe d'horreur l'humanité?...

Dans cette lutte gigantesque, en face du magyarisme et du germanisme, la Serbie tient, avec l'aide de la France, avec l'appui de l'*Oncle blanc*, le drapeau du nationalisme jougo-slave. Ce drapeau, elle le lève triomphant contre le vol des oiseaux de proie. Déjà elle a vaincu, elle vaincra encore et définitivement, gloire à elle!...

Victorieuse, il lui restera toutefois une tâche difficile à accomplir, mais qui n'est au-dessus ni de son énergie ni de son esprit politique, une tâche pour laquelle elle est naturellement et historiquement désignée. Le plus uni de tous les plemena jougo-slaves, le pleme serbe identifie depuis longtemps par-dessus les frontières politiques, dans une communauté de sentiment national et religieux, dans un même culte intellectuel, *le Serbisme*, les traditions de tous les Serbes, Serbes du royaume, avec leurs frères réunis de Vieille-Serbie et de Macédoine, et Serbes de la Hongrie méridionale, du Banat, de Slavonie, de Dalmatie, de Bosnie. La tâche prochaine consistera pour elle à assurer également l'unité morale et le rapprochement politique des deux plemena serbe et croate, à concilier leurs tendances quelque peu divergentes, à faire cadrer les aspirations, les programmes de la Grande-Croatie et de la Grande-Serbie, à réaliser, en un mot, sinon la fusion complète, l'unité de royaume, peut-être prématurée, du moins cette Fédération étroite[1] que préconisait Mazzini en 1871, lorsqu'il écrivait : « Slaves, unissez-vous, oubliez vos rancunes; formez une confédération, ouverte à tous, esclave de personne! »

Nous, Français, nous applaudirons à cette œuvre de concorde[2], nous y aiderons de toutes nos forces, par sympathie, certes, mais par intérêt aussi. Souvenons-nous qu'elle doit rapprocher nos alliés naturels, ceux qui luttent avec nous contre les mêmes ennemis, et ceux pour qui ces ennemis ont toujours été des oppresseurs. Fortifier le jougo-slavisme, c'est affaiblir la race germanique; crier *Vive la Serbie*, c'est donc crier *Vive la France!*...

Avoir eu à sa tête un homme, un savant, qui dès longtemps avait compris ces choses et les avait annoncées, restera, Mesdames et Messieurs, le très-grand honneur de l'École d'Anthropologie. Abel Hovelacque n'a pas fait seulement progresser par ses travaux les études slaves; il a été parmi nous un des premiers apôtres du serbisme, le défenseur autorisé et convaincu de l'idée nationale jougo-slave.

1. Cf. Ernest Denis, *La Guerre*, p. 337; — J.-L. de Lanessan, *Pourquoi les Germains seront vaincus*, p. 133.
2. Voir la Note additionnelle.

EXTRAITS DE LA CORRESPONDANCE D'HOVELACQUE
AVEC SA FAMILLE

1.

Temesvár, jeudi (février 1872).

... Comme l'étude du serbe, la plus pure des langues slaves vivantes, est pour moi d'une utilité presque inappréciable, je me suis décidé à faire venir le professeur deux fois chaque jour : c'est quatorze leçons par semaine. Ledit professeur m'enseigne assez empiriquement, mais j'en sais assez pour y mettre la critique nécessaire. Toutefois j'aurais bien préféré être installé à Zagreb (Agram) en Croatie, où il y a un maître fameux et où l'on parle uniquement serbe. Ici, c'est une tour de Babel, mais l'allemand domine dans la société. P*** m'a fait connaître un certain nombre de citadins et citadines : tout ce monde-là a de drôles de mœurs !...

2.

Temesvár, dimanche 17 mars 1872.

Le *Temps* m'a bien été remis ; j'ai lu avec un très grand plaisir les deux articles de Jules Soury, qui sont très scientifiques : s'il en paraît d'autres du même auteur, je serai content de les recevoir...

J'ai lu avec soin l'écrit de Littré. Il est sans doute fait dans les meilleures intentions, mais je crois que les illusions y fourmillent. L'important pour la France est d'armer avec la plus grande célérité : la guerre ne tient qu'à un fil et ce fil n'est entre les mains de personne. Je suis bien placé ici pour juger la situation de l'Europe orientale : l'Autriche-Hongrie est notre plus grand ennemi, son alliance avec la Prusse est forcée et inévitable. C'est sans doute par elle que la guerre commencera, car sa position intérieure est désespérée. Heureusement que nous marcherons cette fois avec la Russie, qui peut-être aura assez d'influence pour soulever les Slaves et les Roumains d'Austro-Hongrie. En tout cas, les Allemands ont dans le flanc 13 millions de Tchèques, Moraves et Slovaques qui les détestent plus que nous, Français, nous ne pouvons le faire.

Je travaille ferme avec mon professeur de serbe. Cette langue est parlée par 5 millions d'individus, en Serbie, Bosnie, Monténégro, Herzégovine, Dalmatie, Croatie, Istrie, avec d'insignifiantes variations dialectales...

3.

Temesvár, le 22 mars 72.

... Nous avons décidé, P*** et moi, que j'irais passer à Belgrade le temps de son absence. Là je me trouve en plein pays serbe. Et puis, ce

qui est fort important, j'aurai les meilleures et plus hautes relations :
mon voyage de dimanche va me mettre au courant de tout cela... Mes
leçons de serbe s'y continueront d'une façon encore plus avantageuse,
puisque je me trouverai dans un pays exclusivem ent serbe. L'important
est que je profite de cette veine : une fois en possession d'un dialecte
slave, j'aurai facilement les autres.

En quittant Belgrade, lundi ou mardi, nous allons en Syrmie, à
Diakovo, voir le célèbre évêque Strossmayer. Ici, le clergé est avant tout
patriote, et Rome n'est pas son pays. En tout cas, ce sont les ennemis
les plus acharnés de la Prusse, de l'Autriche et de la Hongrie, et nous
avons à les cultiver. Mgr Strossmayer est la grande puissance de la
Croatie. Picot le connaît déjà bien. Peut-être me pourra-t-il renseigner
plus précisément sur ce que j'ai à faire au sujet de mon travail sur
le serbe, mais. en tout cas, j'ai à Belgrade les meilleures relations
assurées...

4.

Belgrade, mercredi 27 mars 72.

... P*** m'a mis en rapport avec la société huppée de la ville, puis
avec la société savante. J'ai été reçu avec un grand accueil. Le professeur
Šafařík s'occupe immédiatement de pouvoir me caser ici pour l'absence
de P***, et il m'a promis que deux jours après mon arrivée, je serais posé
au mieux au milieu des gens qui m'intéressent par leurs études. J'ai à me
réjouir également de la connaissance du colonel Zach, directeur de
l'École militaire...

La ville de Belgrade (Beógrad) m'a plu énormément; à la vérité, neuf
maisons sur dix sont des maisons de village, mais la position est des plus
admirables; l'étendue qu'elle occupe est énorme; il pourrait y avoir
place, si l'on construisait, pour 500 000 personnes, au lieu de 25 000 qu'il
y a en réalité. De plus, le climat n'y est fiévreux qu'en automne.

Outre la connaissance excessivement précieuse du professeur Šafařík,
j'ai été mis en rapport avec un jeune homme très lié avec P***; c'est
l'agent de la Roumanie. Sa maison sera évidemment ma grande ressource des soirées. Le vice-consul italien. ami de P***, m'a également
et très chaudement retenu...

5.

Belgrade, samedi 6 avril 72.

... Hier matin, vendredi, je me suis rendu chez le professeur Šafařík,
qui m'a reçu fort bien... Je vois déjà que ma grande ressource consistera dans un Serbe et un Tchèque, tous deux employés à la bibliothèque et à qui Šafařík m'avait chaudement recommandé. Ce matin

ayant appris mon arrivée, ils sont venus à l'hôtel vers les neuf heures,
au moment où j'allais me rendre chez eux. Vous ne sauriez vous imaginer
comme ils m'ont bien accueilli. Je les verrai chaque jour ; ils ont poussé
l'obligeance jusqu'à me préparer, pour mon usage personnel, une
chambre d'étude tout à ma disposition dans le local même de la bibliothèque. Ils n'auraient pas fait cela pour un Allemand. Il est certain qu'ils
me faciliteront beaucoup les relations avec diverses personnes de la
ville. J'ai déjà un pied au consulat russe...

6.

Belgrade, jeudi 11 avril 72.

Je suis fort content de mon séjour à Belgrade ; les renseignements
que j'ai pris m'ont été d'une grande utilité : aujourd'hui me voilà pourvu
de tout ce que je voulais. De plus, je me suis assuré pour la *Revue* (de
Linguistique) de bonnes collaborations slaves....

Je compte être à Vienne le 17. J'ignore combien de temps j'y resterai ;
en tout cas, je serai muni de lettres excellentes pour la Croatie, et de
Vienne je me rendrai sans doute à Zagreb (Agram).

7.

Belgrade, dimanche 14 avril 72.

... Mon père me recommande de ne m'occuper de choses politiques
que dans une certaine limite, crainte de désagréments. Tous désagréments
ici me sont impossibles, par l'excellente raison que je me trouve dans les
termes les plus d'accord avec les trois régents [1] et le président du Sénat
auxquels j'ai été présenté, et qui, en politique, pensent absolument comme
moi.

8.

Vienne, mardi 23 avril 72.

... Je ferai faire ma photographie à Milan : ici, j'ai peur de tomber
sur un photographe prussien. Au surplus, les Autrichiens ne valent pas
mieux. C'est ce qu'on peut appeler de la véritable c....; ils sont vermoulus
au dernier degré, sans patriotisme et sans conviction, mais pourvus d'une
bonne dose de haine contre la France, malgré les plus charmantes
apparences. Leur presse est quelque chose de hideux. Il est bon pour les
Français de voir cela d'un peu près... L'administration austro-hongroise
est tout ce qu'on peut imaginer de plus vexatoire et de plus stupide. Il n'y
a de bien que les officiers ; une part, du moins.

1. Ces régents, pendant la minorité du roi Milan, étaient Ristitch, le général
Blasnawatz et le sénateur Gavrilowitch.

9.

Vienne, le 26 avril 72.

... J'ai passé à Belgrade trois semaines très profitables sous tous rapports et me suis créé là d'excellentes relations. Les Français, d'ailleurs, sont bien reçus aujourd'hui par tous les Slaves, qui voient en nous leurs alliés de demain. J'ai déjà fait un tour dans la Croatie orientale (Syrmie et Slavonie); maintenant je vais me diriger sur Agram, où j'ai de bonnes recommandations...

Ici, je soigne l'impression de ma *Revue*, pour laquelle j'ai trouvé un imprimeur spécial excellent et de prix abordables. J'ai à Vienne un assez grand nombre de connaissances et la vie y est très agréable. Malheureusement, j'ai toujours cette arrière-pensée d'avoir affaire à des gens qui, malgré toute leur bienveillance extérieure, nous détestent cordialement : sur les 9 millions d'Autrichiens, il y en a bien huit et demi qui sont absolument prussiens. Voilà ce qu'en France on ne sait malheureusement pas assez. Mais laissons ce sujet sans limites.

10.

Vienne, vendredi 3 mai 72.

... Ce soir, nous prenons le train de onze heures, qui nous mène demain à Temesvár pour les cinq ou six heures du soir. -- L'affaire des crânes entre dans la crise décisive. J'ai soudoyé en vain quatre instituteurs de la campagne qui reculent au dernier moment. Enfin j'emploie mon professeur de serbe, à qui j'ai également graissé la patte et qui va opérer lui-même à quelques lieues de Temesvár, dans une colonie de onze villages herzégovins. Il est urgent que je sois à portée de lui pour toute prévision. De plus, il faudra sans doute que je fasse une excursion de deux jours à Belgrade, où j'espère très fortement avoir des pièces de même genre du colonel Zach, chef de l'École militaire et président de la Société scientifique.

11.

Temesvár, mardi 7 mai 72.

... Hier a eu lieu ici la réception du roi de Hongrie — *alias* empereur d'Autriche —; c'était tout à fait grotesque. P*** lui a parlé avec un aplomb magnifique...

Samedi matin, je pars avec P*** pour Belgrade; j'y vais voir le colonel Zach, président de la section d'histoire naturelle et par lequel, selon Šafařík, je puis avoir des crânes serbes. A ce sujet, j'ai reçu une bonne lettre de Broca... Ces temps derniers, j'ai recruté pour la *Revue* (de Linguistique) de bons collaborateurs slaves; mon voyage à Zagreb m'en assure d'autres très précieux (Daničić, Jagić); sous ce point de vue, mon voyage a été fameux...

12.

Temesvár, vendredi 10 mai 72.

... Ma mission Broca est singulièrement difficile. Mon émissaire est revenu tout désappointé des villages herzégovins; on l'aurait assommé. Il doit attendre des nuits obscures après de fortes pluies. Mais je ne désespère pas, et avec de l'argent et du temps nous atteindrons au but désiré...

NOTE ADDITIONNELLE

L'œuvre de concorde que nous appelions de nos vœux en terminant cette conférence, semble dès maintenant en excellente voie.

Au commencement de mai s'est réuni à Paris un comité de représentants de tous les pays jougo-slaves d'Autriche-Hongrie, sous la présidence du Dr Antoine Trumbitch, député à la Diète dalmate. Une délégation de ce comité, reçue par M. Delcassé, a exposé à notre ministre des Affaires étrangères un programme de revendications nettement unitaire. « Le but de notre comité, a dit M. Trumbitch, est de faire connaître aux nations de la Triple-Entente nos aspirations nationales et de travailler à leur prompte réalisation. Comme les Croates, les Serbes et les Slovènes forment la même nation jougo-slave, nous voulons la libération de tous nos conationaux actuellement sous le joug austro-hongrois et leur union avec nos frères serbes de la Serbie et du Monténégro dans un État unique... Afin que la nation jougo-slave puisse dorénavant accomplir sa noble tâche nationale et civilisatrice, il est indispensable que tous ses membres soient réunis dans un État compact et uni. »

D'autre part, un grand meeting de plusieurs milliers de Dalmates, Croates, Slovènes et Serbes, tenu à Nich, a adopté, après avoir entendu notamment M. Frantz Soupilo, député à la Diète croate, l'ordre du jour suivant :

« 1° En ces jours historiques de sacrifices et d'espérance dans le droit et la liberté, nous affirmons d'abord notre pleine et indivisible unité nationale serbo-croate-slovène, et cela non seulement en vue d'un meilleur avenir, mais pour la cause de la vérité ethnographique, vérité qui doit se réaliser politiquement, comme elle l'est moralement;

« 2° Nous déclarons, en conséquence, sans aucune réserve, que nous protesterons tant que nos pays purement sud-slaves seront sacrifiés, déchirés, sur tout le littoral où vivent Serbes, Croates, Slovènes;

« 3° Nous prions toutes les puissances qui luttent aujourd'hui pour le principe des nationalités et la justice, de sauvegarder notre race indivisible, de la sauver de ce déchirement qui la frustre de ses territoires, et de rendre possible à la Serbie la mission civilisatrice qui sera la condition d'une longue paix en Europe.... »

A cette résolution du *meeting de Nich*, ont adhéré les émigrants jougo-slaves des diverses provinces austro-hongroises, réunis en assemblée générale à Genève, le 9 juin.

Nous n'ignorons pas que ces vues d'expansion se heurtent à certaines difficultés. Lord Crewe les laissait entendre, en recevant au Foreign Office les délégués du comité jougo-slave. (Voir *Le Temps*, 6 juillet 1915, p. 2.) Mais nous savons aussi qu'un intérêt supérieur domine toute la question. Celle-ci, comme l'écrit excellemment un éminent publiciste, M. Jean Herbette, « n'est pas aujourd'hui de faire un cadeau à la Serbie, mais de délivrer la nation sud-slave qui, pour le moment, n'a de liberté qu'en pays serbe... On ne peut rien dire de certain sur la future nation sud-slave, sinon qu'étant satisfaite elle sera volontiers pacifique, et qu'à la cristallisation d'une unité nationale nul ne s'oppose impunément. Quand l'unité sud-slave aura formé un bloc, sur le chemin de qui ce bloc se trouvera-t-il? Jetez un coup d'œil sur la carte : il sera sur le chemin des Allemands. Que les Allemands partent de Vienne ou de Munich, comment espéreraient-ils atteindre la Méditerranée tant qu'ils verront, assise auprès de la grande Italie de demain, une nation sud-slave qui aura exactement le même intérêt que les Italiens à empêcher l'expansion germanique vers le sud?... Nous comprenons tous qu'il faut dresser contre les appétits allemands une barrière de peuples libres. Nous ne voulons pas qu'il y ait un point faible dans cette barrière, entre l'Italie et la Roumanie. Nous savons trop que si nous laissons une brèche en Europe, tôt ou tard la guerre repassera par là. C'est pourquoi, dans l'intérêt de tous les Alliés et dans l'intérêt de la paix universelle, nous voulons que les Serbes et les Croates forment une seule nation. » (*L'Écho de Paris*, 10 juillet 1915.)